तुम्हारे लिए

काव्यसंग्रह

उद्धव मिश्र

pencil

ISBN 978-93-5667-471-4
© Udbhav Mishra 2023
Published in India 2023 by Pencil

Contributors:
Illustrator: Pulastey

A brand of
One Point Six Technologies Pvt. Ltd.
123, Building J2, Shram Seva Premises,
Wadala Truck Terminal, Wadala (E)
Mumbai 400037, Maharashtra, INDIA
E connect@thepencilapp.com
W www.thepencilapp.com

Author biography

उद्धव मिश्र पुत्र स्व.रामधारी देवी एवं स्व.शिवप्रसाद मिश्र देवरिया जनपद (उप्र) के गाँव साड़ा में 1अक्टूबर 1958 ई.को जन्म, पेशे से अधिवक्ता। साहित्यिक अभिरुचि वश जनसंस्कृति मंच, प्रगति शील लेखक संघ,नागरी प्रचारिणी सभा देवरिया आदि साहित्यिक-सामाजिक-सांस्कृतिक संस्थाओं से जुड़ाव,अनेक पत्र पत्रिकाओं में समीक्षायें, वैचारिकी,अनुवाद,कवितायें प्रकाशित।

CONTENTS

पीठिका

आसमान में तैर कर बादलों को एक झोले में भर लेना, कविता के लिए जितना आसन होता है,उतना ही कठिन होता उबड़-खाबड़ जमीन पर चलते हुए कंटीली झाड़ियों से गुजर कर अनुभूत क्षणों को कविता बना देना ।

समीक्षक एवं कवि उद्भव मिश्र का यह काव्य संग्रह 'तुम्हारे लिए, कुछ ऐसा ही लगता है,जिसमें कवि के स्वानुभूति स्पष्ट तौर पर झलकती है।

संग्रह में संकलित कवितायें रोमानियत भरे शब्दो से शुरु होकर मध्य तक उबड़-खाबड़ जमीन जैसी खुरदरी हो जाती है,अंत होते-होते कंटीली झाड़ियों की चुभन सी अचानक तंद्रा को भंग कर देती है,पाठक को चेतन कर विडम्बनाओं से संघर्ष करने के लिए तैयार होने को विवश कर देती हैं।

पुस्तक की शीर्षक कविता 'तुम्हारे लिए,जितनी ही श्रृंगारिक लगती है,उतनी ही यथार्थ के धरातल पर उतार कर संघर्ष की घोषणा करते हुए वीर और रौद्र रस की झलक देने लगती है। कविता की यह अद्भुत शैली शायद समय की जरूरत से

उपजी है ।
..... तुम्हारे लिए
हर बार अंधेरे में
दीपक जैसे
जलते रहने की
आदत है
....
साथी !
तुम्हारे लिए
हम लड़ेंगे

आखिरी साँस तक ।

परम्परागत रूप से शीर्षक 'तुम्हारे लिए' आसमान से तारे तोड़ने जैसे भाव को प्रगट करता है, परन्तु कवि इस कविता का अंत संघर्ष की घोषणा

करके आश्चर्य चकित कर देता है। आगे पन्ने पलटने पर 'प्रेम नहीं क्रांति, शीर्षक कविता में क्रांति की स्पष्ट घोषणा की गूँज सुनायी देती है-

....न जाने कितनी बार

लिखा ढाई आखर की चिट्ठी

तुम्हारे नाम

जिसे तुमने पढ़ा / प्रेम नहीं क्रांति ।

उद्धव मिश्र को पढ़कर ऐसा लगता है कि कूडे-कचरे,राख-रेत से

बलात् ढक दिया गया ज्वालामुखी जमीन के नीचे धधक रहा है,जिसके लावे बाहर आने को बेचैन हैं,क्योंकि ये कवितायें ऐसे समय में आयी है जब आदमी बस एक उपभोक्ता भर रह गया हो ।सोच-विचार,स्नेह-प्रेम,करुणा और प्रतिरोध के लिए समय का अकाल पड़ चुका हो ।संवेदना क्या ? नागरिक और आदमी होने का बोध तक खत्म हो चुका हो।ऐसे समय का छायांकन सहज,सपाट में शब्दो में यह कह देना साहस का काम है जैसे-

अब दानव का / मानवीय चेहरा होगा,

क्रांति नहीं होगी दुनिया में / हर शोषित अंधा बहरा होगा ?

इस तरह संग्रह की प्रत्येक कविता श्रृंगार से शुरु होकर प्रतिरोध के भंगिमा में पूरी होती है-जैसे मुर्गियाँ उदास नहीं होती है,चुप्पी का तूफान,यह लड़की, एक प्रेमपत्र,शाहीन बाग में भारत माता,कैसे कहें बसंत है,बकरी, चप्पलें, साहित्य शून्य,चादर,पेड़ आदि शीर्षको के बहाने,ये कवितायें समकालीन इतिहास का बीज बन जाती हैं,जो अवश्य ही पाठकों को ठहर कर खुद के होने,अपने अस्तित्व को खोजने के लिए लिए विवश करेगी ।

अभिव्यक्ति पर पहरेदारी के समय रचनाकार के साहस के सलाम करते हुए, उद्धव मिश्र के काव्यसंग्रह "तुम्हारे लिए" का स्वागत है।

अचल पुलस्तेय

तुम्हारे लिए

लेखक,कवि,विचारक

एवं सम्पादक ईस्टर्न साइनंटिस्ट जर्नल,लंका वाराणसी(उप्र)

***

1-तुम्हारे लिए

सिगरेट पीने
या पान खाने
जैसी लत
लग गयी है
तुम्हें याद करने की
तुम्हारे लिए
हर बार अंधेरे में
दीपक जैसे
जलते रहने की
आदत है
तुम्हें फूल जैसे
खिल खिला कर
हँसते मुस्कराते
देखने की चाहत है
साथी!
तुम्हारे लिये
हम लड़ेंगे
आखिरी साँस तक।
***

2-खोजता हूँ

खोजते
उनको
कि जिनकी
याद मन बेचैन
कर जाती।
है अभी तक
कई जन्मों से
जिनकी
खोज जारी।
है खुद मेरा
खोया हुआ,
खोजता उनको
कि जिनमें
खुद को पालूं।
पाकर के
जिनको
देह खिल जाये
गुलाबी।

मिलें जब भी
अनजान होकर भी
लगे पहचान है
सदियों पुरानी।
मिलें जब भी
ज़िन्दगी के फूल सारे
पैरों तले उनके बिछा दूँ।
खोजता हूँ
आदमी कोई,
ग्रीष्म में
पाकर जिन्हें
मधुमास आ जाये।
अमाँ की
रात में भी
पूर्णिमा का चाँद
उग आये।
खोजता हूँ
मैं जिन्हें
पड़ती वही
छवि तेरे भीतर
दिखाई।
क्या वही
तुम हो?
दिन रात

जिसकी
याद आई।
***

3. तो क्या हुआ

वह आदमी गरीब है
तो क्या हुआ
उसका ज़मीर ज़िंदा है
उसका वक्त बुरा है
तो क्या हुआ
हिमालय से बड़ा बंदा है
वो मुफलिसी में जीता है
इस लिये कि
उसका बाँटने का धन्धा है
उसके भीतर
रोशनी का इक समन्दर है
भले ही लिबास गन्दा है
तुम महलों में रहते हो
तो क्या हुआ
तुम्हारे भीतर का भुक्खड़
तुम्हें सोने नहीं देता
खुदा ने बख्शी है
जो ज़िन्दगी तुझको

वो भी तुझे जीने नहीं देता
उसके झोपड़ी में
घूस औ चोरी की नहीं
मेहनत की कमाई है
तुम ऐसे खाई में
खड़े हो कि तुझे पड़ता नहीं दिखाई है।
***

4. प्रेम पतंग

बेवश
कांटे
रोक न पाते,
प्रेमी भौंरें
और तितलियाँ
आते जाते।
पंखुड़ियों के
होठ चूमकर
पीकर मधु मकरंद
नाचते गाते
प्रेमी कैसे
शीश कटाकर
मूल्य चुकाते
काँटों को
कैसे समझाते
चटख रंग
मादक सुगंध
की भाषा

जिनको समझ
न आती।
वे क्या जानें
दीप शिखा पर
प्रेमी पतंग
कैसे जल जाते।
***

5. प्रेम नहीं क्रांति

मैं तुम्हें प्रेम करता हूँ
तुम्हारी प्रतीक्षा करता
खेत खलिहान में
आते जाते राह में।
 मेरे सपने में आती है
तुम्हारी हँसी
तुम्हारे हिस्से की
जमीन और आकाश
हवा पानी और प्रकाश।
न जाने कितनी बार
लिखा ढाई आखर की चिट्ठी
तुम्हारे नाम
जिसे तुमने पढ़ा
प्रेम नहीं क्रांति।
***

6. प्रतिक्षा

आँखे बिछाकर
खड़े रहते
तुम्हारी राह में
पल प्रतीक्षा के
लगे युग से
मिलन की चाह में
होठों पर हंसी तेरे
लहर जैसे
गुजर जाती
सवेरे की
हवा ठंडी
राह में तेरे
खड़े रहता
कि जैसे मील का
पत्थर
हमारी दूरियां कितनी
बता देती
हमारे देह की भाषा

बिना बोले
गुजर जाते
कि जैसे अजनबी कोई।
***

7. संगीत के स्वर

बाँसुरी बजती
कभी क्या
यदि न पाती
होठ का स्पर्श तेरे।
अधरों से
मिलती बाँसुरी
फूटते संगीत के स्वर
बाँसुरी से होठ का संबंध
जैसे प्रीति का
अनुबंध कोई ।
प्रेम से छेड़ो
कभी जो बाँसुरी को
लहर बनकर
हवा में तैर जायें
संगीत के स्वर
प्रेम से देखो
कि जैसे

फूट जाये
देह से संगीत कोई।
***

8. विदाई

छलकते आंसुओं से
कर रही है माँ बिदाई
जा रहा परदेस मुन्ना
छोड़कर अपनी पढ़ाई।
देख अपना देश भावी
जा रहा दिल्ली कमाने
फूल जैसे जा रहा हो
पत्थरों को आजमाने।
किस खेल में किसको हराना
किस शरारत से कहाँ
माँ को छकाना
स्वप्न चकनाचूर है,
फेंक कंचे गोलियों को
पेट को सर पर उठाये
छोड़ संगी साथियों को
चल दिया मजदूर है।
चल दिया है बोझ कंधे पर उठाने
माँ की आँखों का सलोना नूर है

जूझने को ज़िन्दगी भर
रोटियों की जंग में
गाँव घर की याद लेकर
चल दिया मजदूर है।
***

9.क्रांति नहीं होगी

है विचार का अंत हो गया
नैतिकता की मौत हो गयी
शोषण सत्य हुआ
सत्य अहिंसा और प्रेम को
उत्तर अधुनातन है निगल रहा
ठहर गया इतिहास
द्वार पर बुश दादा के।
अश्वमेध का घोड़ा
छूट गया
भूमंडलीकरण हुआ।
मानव मूल्यों का
उठता धुआँ धुआँ
संवेदन नीलाम हो रहा
मन बाजार हुआ
दानवता के प्रति
उदार सरकार हो गयी
जनता सहम गयी।
घबराने की बात नहीं है

अब दानव का
मानवीय चेहरा होगा।
क्रांति नहीं होगी दुनिया में
हर शोषित अंधा बहरा होगा?
***

10. आत्म हत्या नहीं हत्या है

यह मेरी कविता नहीं
सुसाइड नोट है
किन्हीं बहरे कानों तक
पहुँच कर
शून्य में खो गयी है ।
सुनाना चाहता हूं
व्यवस्था को
जो एक अदृश्य
फाँसी का फंदा
गले में कसती रही है,
मृत्यु का कारण
सल्फास की गोलियों
के मत्थे मढ़कर
हत्या को
आत्महत्या कहती रही है।
किस भाषा
और किन शब्दों में बताऊँ
कैसे सूख जाते हैं प्राण?

कितना कठिन होता है
छोड़ पाना यह शरीर।
लुप्त होते गौरैया
और गिद्धों ने
आत्महत्या नहीं किया है।
वातावरण को प्रदूषित कर
उन्हें मारा गया है।
वैसे ही व्यवस्था के
चक्रव्यूह में
अभिमन्यु की तरह नहीं
समझू साहू की बैलगाड़ी में
नधे बैल की तरह
मरने का नाम
आत्महत्या नहीं हत्या है।
मृत्यु
जिसके हाथ लगते लगते
फिसल जाता
बहुत दिनों से
पीछे पड़ी थी
उसे चाहे जो नाम दो,
समूचे मुल्क को
गैस चैंबर में बदल जाने
के लिए समय तुम्हें ही
उत्तरदायी ठहरायेगा।

आँगन में अँधेरा लेकर

उतारन...
***

11. मुर्गियाँ उदास नहीं होती

उधर चर रही मुर्गियां
पहचानती हैं
अपने मालिक को
उसके दाना लेकर आते ही
छलक पड़ता है इन मुर्गियों की
आँखों से प्यार।
कुड़ूँ कुड़ूँ करती उछलने लगती हैं
उसके चारों ओर
एक बड़ा सा घेरा बनाकर
उसके चेहरे को निहारती
मुर्गियों में मच जाती है होड़
करीब आने की।
वह हाथ में टँगी झोली
से दाने निकाल कर
छींट देता
और मुर्गियां दाने में उलझ जाती।
उन्ही में से एक कलंगीदार
मुर्गे को उठाता है

भर लेता है झोली में
 शाम का भोजन
जायकेदार बनाने को।
फिर भी मुर्गियाँ उदास नहीं होती?
उसका इंतज़ार करती हैं
दाना लेकर आने की ।
***

12. शाहीन बाग़ में भारत माता

शाहीन बाग़ में
समता, स्वतंत्रता और बन्धुत्व के लिये
सत्याग्रह करती महिलाओं में
दिखती हैं
सावित्री बाई फुले
क्लाराजेटकिंन
सीमोन द बुआ
और फूलन देवी भी।
इन्कलाब के नारे के
साथ गूँजती है
भारत माता की जय।
भारत माता जो
हिन्दू नहीं
मुस्लिम नहीं
सिख नहीं
पारसी भी नहीं
सबकी माता हैं
हिन्दू की भी

और मुसलमान की भी
जो भी इस धरती पर
पैदा हुआ सबकी माता
भारत माता
शाहीन बाग़ में दिख जाती हैं
भारत माता।
भारत भर के
नगर नगर में
डगर डगर में
दिख जाता शाहीन बाग़ है
जहाँ इतिहास नहीं
भविष्य लिखा जा रहा है
एक देश का ही नहीं
मनुष्यता का ।
***

13.बाढ़ की सौगात

बिजली चमकी
बादल गरजा
झूम झूम कर
पानी बरसा ।
डूब गये फिर
खेत बाग वन
गाँव गली में
नाव चल रही।
टूटे अड़ार
नदी किनारे गाँव बह गये
दूर दूर तक पानी पानी
चूहे बिल्ली साँप बह गये।
चन्नर काका के
बैल बह गये
राशन पानी चूल्हा चाकी
सभी बाढ़ को भेंट चढ़ गये।
जान बचाकर
भाग न पाये रामदुलारे,

छत पर बैठी बूढ़ी काकी
प्रलय निहारे।
कुछ माल मवेशी ले करके
बंधे पर आये
रात रात भर
कीर्तन गाये।
खबर मिली
सरकारी सहयोग मिलेगा
बना हुआ भोजन टपकेगा
सुर्ती बीड़ी माचिस बरसेगा।
हवा हवाई उपर उपर
देख दाख कर
चले गए सब
अखबारों में सुर्खी बनकर
आँसू बरसा
आसमान से रोटी बरसी
भूखा बच्चा उस पर झपटा।
सरकारी सहयोग मिला
उसकी बंदर बाँट हो गयी
अहलकार सब धनी हो गये
उन्हें बाढ़ सौगात दे गयी
जितना पैसा कमा न पाते
उस से ज़्यादा बरसात दे गयी।
***

14.धनवान

वही बड़ा विद्वान् है
वही बड़ा गुणवान
पूंजीवादी राज में
जो होता धनवान ।
पाता है इस देश में
है वह ही सम्मान
जो जनता को लूटकर
हो जाता धनवान ।
खून पसीना चूसकर
खिला गुलाब समान
उसके जैसा देश में
कोई नहीं महान
जो गरीब के रक्त में
करता है स्नान
वह ही कम्बल बांटकर
पाता है सम्मान
वही स्वर्ग में जाएगा
चढ़कर दिव्य विमान ।
***

15.मुक्ताकाश

काट अन्धगृह

कारा बंधन

नव युग के

नव विहगवृन्द को

लिखनी होगी

नयी कहानी

आँचल में है दूध

और आँखों में पानी

मुक्त मानुषी की

होगी अब नहीं कहानी।

स्वर्ण सलाखों

के पीछे की

चमक दमक से

मुक्त मानुषी को ना

बँगला कार चाहिए।

जाति धर्म के बंधन

से जो मुक्त कर सके

ऐसा प्रखर

प्रकाश चाहिए ।
साथ साथ परवाज
भर सके
ऐसा मुक्ताकाश चाहिए ।
***

16.चुप्पी का तूफान

पौधों की
गुस्से भरी
चुप्पी के टूटते ही
आयेगा एक तूफान
आसमान
चढ़ती धूल
छतों के
कंगूरे पर
चढ़कर नाचेगी
इतराएगी
जिसे पैरों तले
रौंदा गया ।
हवा के झोंकों से
सदियों से खड़ी
दीवारें टूटेंगी।
आसमान चढ़ती धूल
आँखों की
क़िर किरी बन जाएगी ।
***

17.गीत

ये धरती जलने लगी जलने लगी है धूल
लोहा जैसे लाल हो दहके पलाश के फूल।
दुपहर में जलने लगे खेत बाग़ बन गाँव
भागभाग सबजा रहे पाकर पीपर के छाँव।
गर्मी ने ऐसा किया चैन नहीं दिन रात
पंडित पतरा देखते कब होगी बरसात।
पप्पूजी ए सी चला कमरा करके कूल
हैं मस्ती से सो रहे बन्द हुआ स्कूल।
भींग पसीने से गई रखे कहाँ रुमाल
कुर्ते का भी क्या कहें बुरा हो रहा हाल।
गर्मी का पूछो नहीं कोई हाल न चाल
है न्यौता जाना मुझे भाई के ससुराल।
चाहे जैसी धूप हो आँधी या बरसात
छूट नहीं सकती कभी मुझसे कोई बरात।
***

18.यह लड़की

यह लड़की है
या फौलाद
जो दिन रात के
झंझावात में
तनकर खड़ी है।
जो समस्याओं के
पहाड़ को
पैरों के ठोकर से
फुटबाल जैसे
हवा में उछाल देती है
यह लड़की है
या रोबोट
जो दिन रात
काम में नधी
रहती है
जो बिना नींद के
सपने बुनती
रहती है।

यह लड़की है
या खुद की बाप
जो सारी गृहस्थी का
बोझ अपने कंधों
पर उठा रखाहै,
जिसने समय को
मुट्ठी में बाँध रखा है।
जब ये
खिल खिलाकर
हँसती है
लगता है
यह लड़की
फौलाद नहीं
रोबोट नहीं
रजनी गंधा है।
***

19.एक प्रेमपत्र

लिखना चाहता हूँ
तुम्हारे नाम
एक प्रेम पत्र
एक कविता, एक गीत।
भेंट करना चाहता हूँ
तुम्हें एक फूल
जिससे कल
एक नया जीवन
जन्म लेगा।
तुम्हारे ही खून पसीना
सनी मिट्टी में उगा है
जिसकी सुगंध
जाति धर्म और देश की
सीमाओं के पार तक जाती है।
चलो तुम्हारे लिये ढूँढता हूँ
एक मुकम्मल धरती
एक मुकम्मल आकाश
जहाँ मनुष्यता राहत भरी

साँस ले सके,
प्रेम फूल के चटख
रंगों में खिल सके
मेरी कविता
तुम्हारे भीतर
प्रेम पत्र की तरह
उतर सके।
***

20. कैसे बसंत कहें

गाँव में कुत्ते
खेत में सियार रोते हैं
सल्फास खा हल्कू
आराम से सोते है।
क्या बसंत के दिन
ऐसे ही होते हैं
वन में सुगंध नहीं
बारूदी गंध भरे होते हैं ?
बरगद के वृक्षों पर
चिड़ियों की पंचायत कहाँ हुयी
शोकमग्न भौंरें भी दिखे नहीं
तितली सब मर गयीं।
इसको भी कैसे बसंत कहें
कोयल कहीं दिखी नहीं।
जहरीले केमिकल से खेतों में
आता ऋतू राज कहीं?
***

21.ऐसे दिन आये

प्रियजन परिजन
कितने दूर हो गए।
एक शहर में रहकर भी
दूर दूर रहने को
मजबूर हो गए ।
कारावास अगर हो जाता
प्रियजन आकर के मिल लेते।
अस्पताल में भी होते तो
मित्र फूल फल लेकर आते।
ताला बन्दी में घर बैठे
आप सभी मित्रों से
मिलने को बेचैन हो गए।
ऐसे दिन आये
कोरोना के
खुद ही खुद में
कैद हो गए।
***

22. चप्पलें

चलते चलते घिस गयी
जो चप्पलें
जिनके सिलाई के लिए
पैसा नहीं।
जिन चप्पलों ने
पावँ में छाले दिए।
जिन चप्पलों के
पावँ में होने का
भ्रम पाले हुए
राह चलते मर गए
जिन चप्पलों के साथ
अपने देश में ही
अप्रवासी हो गए।
रेल पटरी के किनारे
हैं कहीं बिखरे पडे।
हाथ के रेखा सदृश
इन चप्पलों पर है लिखा
इस देश का

भूत भविष्य
और वर्तमान भी।
***

23.बाबा तुलसी

जन भाषा के
जन नायक हे
बाबा तुलसीदास
अभिजन समाज से निर्वासित
विद्वत समाज से अपमानित
मुनिया के आंगन के बिरवा
हो रहा सुवासित
तुझसे है यह धरा धाम।
शत शत प्रणाम
बाबा तुझको राम राम।
पिता रहे होंगे दूबे
पर आप कभी तुलसी दूबे
कहला न सके
आजीवन ब्राह्मण समाज का
सम्मान कभी भी पा न सके।
बाबा तुलसी
बेबसी कौन सी थी तुझको
तूनें मसीत में सोने का

संकल्प किया मन्दिर वालों ने
जगह कहीं भी नहीं दिया?
हो जाना बाबा सावधान
इस बाजारीक्रित समाज ने
है तुझको याद किया
बदल गये हैं अर्थ शब्द के
तुमने जो था नाम दिया।
***

26.कवि तुम चुप रहो

झोपड़ पट्टी में बुलडोजर
यानी कानून का हथौड़ा
चल रहा था
अपने बिखरे सामानों को
सम्हालते लोग
घरों को जमींदोज़ होते
होते देख रहे थे ।
कानून अपना काम
कर रहा था
जैसे दुःशासन द्रोपदी का
चीर हरण कर रहा था
जुवे का कायदा कानून
उसे सही ठहरा रहा था।
न्याय
सभी के सामने
प्रश्नवाचक चिन्ह
बनकर खड़ा था
हाशिये का आदमी

झोपड़पट्टी से ही नहीं
जंगल से भी बेदखल
हो रहा है ।
कवि तुम चुप रहो
नये शब्द ढूँढो
कांव कांव करना,
काला दिन
असंसदीय घोषित कर
दिया गया है ।
***

27.वर्ष गया यह बीत

बुरा रहा हो या भला वर्ष गया यह बीत ।
ज़िन्दादिल हैं गा रहे फिर फगुआ के गीत ।।
सरसो गदराने लगी है गेहूँ के संग ।
बुढ़ऊ पर चढ़ने लगा फिर होली का रंग ।।
फिर बसंत है आगया लेकर रंग गुलाल ।
भौंरा कोई बता गया चूम फूल के गाल ।।
होली के हुड़दंग पर चढ़ा चुनावी रंग ।
सब बदला बदला दिखे घुला रंग में भंग ।।
अबकी होली में कहीं रहा है कौवा कूक ।
और पड़ोसी के कहीं दिल में उठता हूक।।
फिर से ठूठी डाल में भरा प्रेम रस फाग।
अबकी होली खेलता कोयल के संग काग ।।
कोई फगुआ गा रहा गाये कोई कबीर ।
गाँव गली में उड़ रहे रंग बिरंग अबीर ।।
ऊंच नीच सब भूलकर सबको गले लगाय ।
गोरी अपने गाँव में फिर फिर होली आय ।।
***

28.मुक्तिपथ पर

दीप जलता
ज्ञान का
जब भी हृदय में,
दूर हो जाता
निराशा का अंधेरा।
ज्ञान के
आलोक में
होता सवेरा ।
टूट जाती
बेड़ियां
अज्ञानता का
अंत होता।
जब प्रकृति का
भेद खुलता,
ज़िन्दगी की
गुत्थियां
जब भी सुलझती
ज्ञान का विस्तार होता,

मुक्तिपथ पर
आदमी
सारे दुखों के पार जाकर
दो कदम
आगे बढ़ाता मुस्कराता ।
***

29.टूट गया हूँ

टूट गया हूँ भीतर भीतर

इतनी मार समय की खाई

पड़ती मार अभावों की है

कमर तोड़ते कर्ज पताई

चौपट खेती

महँगे होते

बीआ पानी खाद जुताई

पावँ ढँके तो

सर दिखता है

सर ढँकता तो

पैर दिखाई

कितनी छोटी चादर पाई

इतनी क्षीण आय से कैसे

कुर्ते की हो सके धुलाई।

घिस कर इतना टूट गया है

मोची कहता

टूटे चप्पल की अब होगी नहीं सिलाई

बिना फीस के नाम कट गया

है बेटे की बंद पढ़ाई
कई दिनों से नहीं ला सका हूँ
बेटी की एक दवाई
इतनी खाली जेब हो गयी
बीबी अपनी लगे पराई
घोर निराशा के आतप में
आशा की कलिका मुरझाई
सुख सपनों की जली वाटिका
भाव कल्पना की कोयल
 आँसू ढरकाई
होठों से मुस्कान छिन गयी
ऐसे हैं दिन पड़े दिखाई
अपने ही हो गए पराये
ताने पड़ते रोज सुनाई।
***

30.वर्तिका दीप का

वर्तिका दीप की
स्नेह में डूबकर
प्राण उत्सर्ग कर
रश्मि के तीर से
है तिमिर वेधती ।
ज्योति के पर्व में
क्रांति की राह में
प्राण उत्सर्ग कर
चक्षु की प्रीतिकर
है सखी बन गयी ।
 सैन्यबल बन
अँधेरे के आते शलभ
हैं स्वयं जल मरे ।
वर्तिका दीप की
झिलमिलाती रही
अन्ध के वक्ष पर
है विजय गीत बनP
सुष्मिता दीप की।

ज्योति ही साधना
ज्योति ही अर्चना
मिट स्वयं /ज्योति बन
ऊर्जस्विता वर्तिका
स्नेह पाती न जो
रात भर अन्ध से
जूझ पाती नहीं ।
***

31.साहित्य शून्य

मेरे पास
ढेर सारी
कविताएं
और
जिन्दगी की
कहानियाँ हैं,
राग की
विराग की
प्यार में
जीतने और
हारने की
रोने और धोने की
जिसमें रोटी नहीं
रोटी के जैसा
एक शून्य है
साहित्य है ।
तुमसे कहने
के लिये

मेरे पास
ढेर सारी बातें हैं।
शिकवा शिकायत है,
भूली बिसरी
यादें हैं
ढेर सारा प्यार है ।
देने को
मुट्ठी भर फूल हैं
मुस्कान है
दो बूँद आँसू हैं।
लड़खड़ाते
हाथों से लिखा
प्रेम पत्र नहीं
एक शून्य है
साहित्य है ।
मेरे पास
घूमने के लिये
एक बस्ती है
बूढ़े हैं जवान हैं
लड़के हैं।
लड़कियाँ हैं
जिनके सपने में
राजकुमार आते हैं
साहित्यकार नहीं ।
***

32. कवि हूँ

लिखना है
उन अनाम लोगों के लिए
जो फर्जी मुठभेड़ में मारे गये
जिनकी लाश के साथ
फ़ोटो खिंचवाकर
पुलिस वालों ने
अपनी पीठ थपथपाया
इनाम पाया
लिखना है
उस धोबिन के लिए
जिसको राम राज में
पति ने घर से निकाल दिया ।
जो इतिहास के पन्नों में
कहीं गुम हो गयी
बनबास से लौटकर
वापस नहीं आयी,
न ही जिसके लिए
धरती की छाती फटी

जो उसमें समा सके।
उसके बेटों के लिए
कविता लिखता
जो आज भी
 लव कुश की तरह
लड़ रहे हैं ।
मैं कवि हूँ
किसान हूँ
एक योद्धा हूँ
मेरी माँ सुभद्रा नहीं
पिता अर्जुन नहीं
जिसका रथ भगवान हाँकते हैं।
पर में अभिमन्यू की तरह
महाभारत में उतरता हूँ
प्रश्नों को हथियार बनाकर
लड़ता हूँ
और शाम होते होते
धराशायी हो जाता हूँ
कवि हूँ
किसान की आत्मा हूँ
जिसने खुद को
फाँसी के फन्दे पर लटकाया है।
कविता लिखता हूं

कोरे आश्वासनों के खिलाफ़
एक सुनहरे कल के लिये।
***

33. सपने खरीद लाये

खुद को बेंचकर
सपने खरीद लाये
शायद आपके भी काम आये।
सपने रात में ही नहीं
दिन में भी आते हैं,
महलों में ही नहीं
भूखे पेट सोती
आंखों में भी उगते हैं।
कुछ लच्छेदार जुमलों के साथ
बाजार में भी बिकते हैं।
कुछ लोग सपने
खाते हैं पीते हैं
चाय की चुस्कियाँ लेकर
बतियाते हैं।
अब मँहगाई को डायन नहीं
विकास का मानक बताते हैं।
सपने तुम्हारे मन की नहीं
आप ने मन की चलाते हैं।

अमरीका से ढेर सारा दिल और आँखे
आयात कर लाये हैं,
जिनसे उदास सपने भी
रंगीन नजर आयेंगे
दिमाग वोट बैंक में
तब्दील हो जाएंगे ।
***

34.बरगद और स्कूल

मेरे गाँव के लोग
मेरे प्रायमरी स्कूल को
मदरसा कहते थे
और माटसाब को
मुदर्रिस।
स्कूल लगता था
एक विशाल वरगद
की छाया में ।
इसी बरगद के नीचे
क ख ग घ लिखने से
पहले सीखे थे गोली पारना ।
हम सब
माटसाब लोगों को
अलग अलग नामों से
पुकारते थे।
बाबूसाहब मुंशी जी
पंडीजी और गुरुजी।
मेरे माटसाब

छोटी छोटी गलतियों पर

कान उमेठ कर

ऐसे मारते कि

झन झना जाता बरमंड।

डरते तो हम सब ऐसे थे

जैसे कसाई से गाय ।

डरते तो वो भी थे

जिस दिन होना होता था

डिप्टी साहब का मुआयना।

क्लास में

किसी तानाशाह की तरह

काठ की कुर्सी पर बैठते थे

माटसाब

और नीचे हम सब

अपने अपने घरों से

लायी गयी बोरियों पर ।

गुणा भाग जोड़ घटाना

के बाद बारी आती थी

जबानी कविता सुनाने की

और इमला लेखन की

जब कुटाई होने की

संभावना बढ़ जाती थी ।।

अगर किसी की कम

पिटाई होती थी तो

वह था दर्ज़ का मॉनिटर।

एक तेज विद्यार्थी के लिये
इनाम होता था मानीटर
बन जाना ।
स्कूल जाते विद्यार्थी की
पहचान होती थी
पीठ पर लदा हुआ एक
लाल रंग का बेठन
जिसमें होती थी
कापी किताब कलम दवात
और रोशनाई ऐसी की
रँग जाता था विद्यार्थी का
हाथ ही नहीं
कपड़ा भी ।
स्कूल में शौचालय तो था नहीं
माटसाब को एक उँगली
दिखाकर पेशाब करने
और दो उंगली दिखाकर
शौच करने स्कूल के पीछे
जाया करते थे ।
स्कूल भवन के सामने
आज भी खड़ा है
वह पेड़ जिसकी जड़ें
और डालियाँ
मेरे स्मृति पट पर
अपनी पूरी विशालता के साथ

उपस्थित हैं ।
जब भी उधर से
गुजरता हूँ
उस बरगद के वृक्ष और
अपने सफेद बालों को
एक साथ देखता हूँ ।
***

35.मेरी भारतीयता

मेरी भारतीयता
एक छायादार वृक्ष है
जिसकी डालियों पर
पक्षी कलरव करते हैं
और छाया में
पथिक विश्राम।
मेरी भारतीयता
प्रेम का ढाई आखर है
जिससे हर बार हार जाती है
नफरत की सियासत।
भारतीयता
जहाँ बीज की तरह
उगते हैं बुद्ध महावीर
और गाँधी सुगंध से भर देते हैं
समूचा आकाश।
हरी भरी हो जाती है धरती।
नयी परिभाषा गढ़ती है
मनुष्यता।

मेरी भारतीयता
जितना हिन्दू है
उतना ही सिख
ईसाई और मुसलमान
जिसकी जेहन में बसता है
हिंदुस्तान।
***

36.वह बैल

बैल
जो तुम्हारे खेत में खटता है
जिसके पीठ पर
हलवाहा पैने फटकता है ,
उसे बैल बनाने के लिये
वधिया ही करना
काफी नहीं था।
नकेल भी डाला गया
ताकि वह तुम्हारे पगहे की
भाषा समझ सके।
बिना इन्कार के खेत में खट सके,
बैल गाड़ी में नध सके।
वह बैल
जिसे काम से छुट्टी पाते ही
स्लॉटर हाउस की राह
पकड़ा दिये थे तुम ।
ताकि बन सकें
तुम्हारे पैरों को महफ़ूज

रखने वाले जूते।
उसके खाल से बनी
खँजरी से पूछ सकते हो
गुलामी का स्वाद।
जूते में फँसी कील जैसे
उसके ज़िन्दगी का सच
तुम्हारे पैरों में चुभता रहेगा ।
***

37.फागुनी दोहे

पंखुड़ियों पर है लिखा फागुन का अनुबंध ।
अधरों पर मुस्कान है बीथीं भरे सुगंध ।।

भ्रमर फूल से कह गये फ़ागुन वाली बात।
कैसे मन स्थिर रहे हुयी नशीली रात ।।

तितली हैं इतरा रहीं भर कलियों के कान ।
ठूंठ हरे होने लगे बूढ़े हुये जवान ।।

मीठी मीठी उठ रही फिर से हिय में हुक।
आम्र कुञ्ज में बैठ कर रही कोकिला कूक ।।

है हिय में उठने लगी मादक मधु की आग ।
हवा नशीली हो गयी उड़ने लगे पराग ।।

तीसी है खिलने लगी सरसों पीली गदराय ।
नई फसल है आ गई पपीहा फगुआ गाय।।

पोर पोर टूटन लगे ऐसी बही बयार।
लगी मधुर मधु घोलने पुरुवा की सिसकार।।
***

38.सत्याग्रह

जहाँ कहीं सत्याग्रह होता
जहाँ अहिंसा मानवता
के हित लड़ती है
बापू वहीं दिखा करते हैं ।
किसी गोडसे के मारे से
गांधी नहीं मरा करते हैं
अभी सभी देखे थे उनको
दिल्ली की सीमाओं पर
वाटर कैनन की मार झेलते।
सत्य अहिंसा और प्रेम
के पथ पर बढ़ते ।
संसद नहीं सड़क पर सबने
संसदीय मर्यादा को
पुष्पित और पल्लवित देखा।
कृषकों की पंचायत में सबने
गाँधी जी को ज़िन्दा देखा।
शस्त्र हीन योद्धा के आगे
सत्ता को शीश झुकाते देखा।

हमने देखा तुमने देखा
सबने देखा
गाँधी जी की
विजय पताका
कृषकों को फहराते देखा।
***

39.हँसी तुम्हारी

स्नेहिल निश्छल
हँसी तुम्हारी
पारिजात जैसे
खिल जाती
स्निग्ध सुगंधित
फूलों से
धरती
भर जाती ।
होते नयना चार
कभी जब
आँखों से
सबकुछ
कह जाती
भाषा जहाँ
विफल हो जाती ।
हृदय गगन के
सघन तिमिर में
विद्युत सदृश

तुम्ही झलकी ,
चंचल चपला सी
प्रथमदृष्टि
कितनी मादक
       उन्माद भरी थी।
स्नेहिल निश्छल
हँसी तुम्हारी
जाने कितने
स्वप्नज जगाकर
अर्थहीन
जीवन में
कितने अर्थ
सजा दी
अरे अपरिचित
स्नेहिल निश्छल
हँसी तुम्हारी
परिचय के
कितने पृष्ठ
लिख गयी।
***

40. किताबें और जिन्दगी

जिन किताबों ने गढ़ी है
मेरी ज़िंदगी अबतक
उन किताबों से
मुहब्बत के सिवा कुछ भी नहीं
काश एक एक वर्क
मेरे दिल में उतर जाता
किताबों की रोशनी में
सफ़र कट जाता।
जब भी उदास होता हूँ
किताबों में खुशी
ढूढ़ लेता हूँ।
***

41.ये शहर या जंगल

एक कली
खिलने से पहले
मुरझाकर गिरी
जिसकी सुगंध
पहले ही छिन गयी थी ।
इस शहर की मिटटी ही
ऐसी हो गयी
जहाँ तितलियों और केंचुओं के लिए
कोई जगह नहीं बची ।
यहाँ फूल खिलते तो हैं
पर बगीचों से
इंसेक्टीसाइड्स की गंध आती है।
फूल जैसा आदमी
महँगी कारों के भीतर/ चौड़ी सडकों पर
जाम में फँसकर छटपटाता है
कुछ लोग तेज सवारियों के नीचे
दबकर मर जाते है।
आलीशान महलों के जंगल से

गौरैया गायब है/ये क्या मैना
हाँफ रही कोयल है।
आदमी का मुखौटा पहन
जानवर भी निकल आये हैं।
ये शहर है या जंगल है
सवालों से सवाल टकराये हैं।
***

42.प्यार

जो सच में प्यार करते हैं

कहते नहीं, जो प्यार करते हैं

हँसते हैं मुस्कराते हैं

फूल जैसे खिले रहते है

बांटते हैं सुगंध

करीब से गुजरने वाला

हो जाता है सुगंध से सराबोर।

शब्दों की सीमा से परे होता है प्यार

जीवन के सुमन का सौरभ हवा में

घुल कर देता है जीवन को पुनर्जन्म।

प्रेम शोषण और उत्पीड़न के विरुद्ध

होता है एक कोमल और मारक हथियार

जिससे गढ़ा जाता है आदमी

जिसके साँचे में ढलता है समाज।

सच में उन्होंने प्यार किया

जो लड़ते रहे,

समता स्वतंत्रता और बंधुत्व के लिए

जिन्होंने उत्सर्ग कर दिया जीवन
न्याय के लिए।
***

43. वो भी क्या दिन थे

वो भी क्या दिन थे
जब दंवरी के दिनों में
उकाँव पर सोते थे
रात कितनी गयी
सुकवा से जान लेते थे।
क्या रंग था होली का
गोबर व मिट्टी से
खेल लेते थे ।
बढ़ती थी तपन तो
गांव के पोखर में
नहा लेते
कोठार की माटी
घमौरियों पे लगा लेते।
कटती थी बरसात भी ऐसे
छाता न मिले तो
बोरी की घोघी ही
बना लेते ।
पानी में छपक करके

बारिश में नहा लेते।
पुआल के बिछौने
कितने गरम थे लगते
क्या खूब मजा देते।
जाड़े की मस्त रातें
क्या खूब नींद आती।
***

44. देखा कभी तुमने

होता था मज़ा किरकिरा
जब भोर में जगाकर
पढ़ने पे भिड़ा देते ।
तेरी नाराजगी,
तुम्हारे क्रोध के बादल
बहुत गरजे,
गिरी बिजली
कहाँ क्या जल गया
देखा कभी तुमने?
उगा था प्रेम का पौधा
जिसे वट वृक्ष बनना था
गिरा ठनका
जल गया बिरवा
जले अरमान कितने
क्या कभी जाना
इसे तुमने?
तुमसे तो वादा था
हवा के मस्त झोंकों की---

तुम्हारे क्रोध का तूफाँ
चमन को रौंद डाला
क्या कभी देखा
इसे तुमने?
होठों पर हँसी के फूल खिले
नयन में प्यार के सपने पनपते
सभी जलने लगे कैसे
क्या कभी जाना
 इसे तुमने ।
***

45. चादर

मेरी चादर
सूरदास की
काली कमरी नहीं
जिस पर रंगों का
कोलाज न बन सके
मैं दास कबीर भी नहीं ठहरा
जो जतन से ओढ कर
जस की तस रख दे।
तन मन की चादर
रोज रोज फटती रहती
सिलता रहता
कबीरा
चाहे जितनी दाग लगे
मेरी चादर में,
मेहनतकश हूँ
मेरे आँसू से
धुलती रहती है
ओढ़ के अपनी

मैली चादर
छेनी और हथौड़े से
में जीवन गढ़ता रहता हूँ
कल भोर की लाली छिटकेगी
मैं अंधकार से
सूरज जैसे लड़ता हूँ।
***

46.पिता जी

पिताजी

आपके गुजरे

कितने दिन गुजर गये?

वे दिन लौट आते हैं

आपके स्मृति की

विश्रामदायी छाया बनकर

जिनका स्पर्श पाकर

बचपन के सुनहरे दिन

किसी ठूंठ पर कल्ले फूटने की तरह

हरियाने लगते हैं।

तभी याद आता

आपका रौद्र रूप

और मेरा निराशापूर्ण भविष्य

जिससे आप बहुत डरा करते।

क्रोधाग्नि जब बुझ कर शांत होती

मुझे देख कर छलक आते

आपके आँखों में आंसू

और वात्सल्य भी ।

पिताजी

गृहस्थी के बोझ से

आदमी कैसे चकनाचूर हो जाता है

और लाख चकनाचूर

होने के बाद भी

कैसे जिन्दा रह लेता है

हम आप से ही जान सके

कि कैसे दिल में

कुछ टीसने के बाद भी

आदमी मुस्करा लेता है ।

पिताजी

आज मेरे बालों की सफेदी

घुटने का दर्द

और आँखों की घटती हुई

रौशनी के साथ

आप एक बार फिर

मेरे भीतर जिन्दा होने लगे हैं ।

आज मैं भी

उसी टीले पर खड़ा हूँ

जहाँ से खड़ा होकर

आप मेरा भविष्य देखा करते थे।

पिताजी

गुजरते समय के साथ

मेरे भीतर का पिता

आपके छाया की तरह

गुजर रहा है
वैसे ही जैसे
रेंगते हुए दिन
रात के गहन अन्धकार में खो जाता है
एक नए सूरज की प्रतीक्षा में ।
***

47.अन्तर्ज्वाला

मैं उत्पीड़ित की प्रबल आह
शोषित जन की मैं हूँ कराह
तुम मुझे छेड़ करके देखो
शोषक समाज की
शिरा-शिरा
धमनी-धमनी में
ज्वाला बनकर भड़कूँगा।
हूँ चिंगारी
शोला बनकर
सारे जंगल में धधकूँगा ।
हूँ दलित धरा की
अन्तरज्वाला।
हूँ क्रूर व्यवस्था के पैरों की
मैं छाला
तुम मुझे छेड़ करके देखो
तुम मुझे फोड़ कर के देखो
मैं आसमान की छाती पर
बादल बनकर मंडराउँगा

मैं शीतल जल बरसाउँगा।
अन्याय और शोषण का हूँ
प्रतिकार प्रबल I
मैं विद्युततड़ित गर्जना संग
इंद्रायुध सा घहराउंगा।
मैं नहीं माँगता राजपाट
मैं नहीं माँगता सुख विलास
दे दो मेरे मानवाधिकार।
सदियों से चलता
बन्द करो यह कदाचार
वरना देखो मैं
एकलव्य के हाथों में
अँगूठा बनकर उग आया हूँ
मैं हूँ युगान्त के सन्ध्या की
निर्मम लाली
मैं नव युग का अरुणोदय हूँ
मैं सत्य अहिँसा और प्रेम के
गीत सुनाता रहता हूँ ।
***

48.मेरे मन मे

नेह सुधा
बरसा नयनों से
मेरा मन
अमृत कर डाला।
मेरे जलते
मन मरुथल में
सावन की
रिमझिम दे डाला।
मूक रही वाणी
पर तेरे
नैनों ने क्या कुछ
कह डाला।
मेरे मन में
प्रीति जगाकर
आँखों में
सपने दे डाला।
कुक उठी
कोयल हिय वन में

तन तरु को
मधु ऋतु दे डाला।
मीत तुझे मैं
देख रहा था
इन सूनी सूनी
आँखों से,
तूँ ने इन सुनी
आँखों में
आँसू के सागर
भर डाला।
कैसे भरूँ
तुझे बाहों में
चाह रहा था
मन मतवाला
मीत दूर जा करके
तूँ ने
कितना मुझे
पीर दे डाला ।
***

49.मुस्करा कर जो मिला

जिस किसी ने
प्यार से देखा
उसी का हो लिया
अजनबी को
दिल भी अपना
दे दिया।
मुस्कराकर जो मिला
जिंदगी
उस पर
निछावर कर दिया
जो गले से
भी लगाया
कदमों में
उसके
बिछ गया।
प्यार से
जिसने पुकारा
ज़िन्दगी भी

नाम उसके
कर दिया।
जो दो कदम
पीछे हटा
सौ कदम से
दूर उससे हो गया।
***

50.अकथ कहानी

घोटालों के घोर तिमिर में
भ्रष्ट हो गए लोकतंत्र में
निलगायों ने
खड़ी फसल का नाश कर दिया।
जहाँ भूख से मौत हो रही
जहाँ खुदकुशी डेरा डाली
रोता चूल्हा रिक्त पतीली
वहाँ मुल्क में
क्या खुशहाली?
जहाँ कर्ज में
खेत फसल
नीलाम हो रहे
हैं किसान फांसी का
फंदा लगा मर रहे
उस धरती पर
क्या दीवाली?
अकथ कहानी
झोपड़ियों की

क्या बदहाली?
उनके घर होगी खुशहाली
उनके घर होली दीवाली ।
***

51.पेड़

किसी चिड़िये के पाचन तंत्र से
गुजरता हुआ बीज
पथरीली जमीन पर
हवा पानी प्रकाश का
साथ पाकर पेड़ बन गया।
पेड़ सूरज की किरणों के साथ
जगता है
कहीँ आता जाता नहीं
पत्तियाँ खोलकर खिलखिलाता है
अँधेरा होते ही सो जाता है।
अकेले नहीं
उसके कंधे पर सोते हैं
हजार हजार पंछी
घोसले में सो रही होती है
एक परिंदे की समूची दुनिया ।
लाली फूटने से पहले
जीवन राग अलापते पंछी
जगा देते हैं सोये पेड़ को

जैसे जगता है कोई आदमी

अपने कंधे पर आदमियत

का बोझ लेकर

पेड़ जैसा आदमी जिसके कन्धे

पर सवार होती हैं

हजार हजार जिम्मेदारियां ।

पेड़ भागता नहीं

आदमी भागता है

तेज भागने के लिए

उसे चौड़ी सड़कें चाहिए।

सड़कों के लिए

पेड़ को बेदखल करना होगा

पेड़ भी इतना जिद्दी

कि बिना काटे

बेदखल होगा नहीं ।

***